LED-ZEPPELIN

BORJA FIGUEROLA & CARLOS CÓRDOBA

Redbook

La NoVELA GRáFICA
DEL ROCK

MA
NON
TROPPO

© 2020, Borja Figuerola Ciércoles (por el texto)

© 2020, Carlos Córdoba Terreros (por las ilustraciones)

© 2020, Redbook Ediciones, s. l., Barcelona

Ilustración de cubierta: Carlos Córdoba

Compaginación de cubierta: Regina Richling

ISBN: 978-84-122311-0-6

Depósito legal: B-12.666-2020

Impreso por Sagrafic, Passatge Carsi 6, 08025 Barcelona

Impreso en España - *Printed in Spain*

LED-ZEPPELIN
LEGACY TO HEAVEN
BORJA FIGUEROLA

La leyenda cuenta que Robert Johnson consiguió su maestría con la guitarra al vender su alma al Diablo en un cruce de caminos. Fue entonces que, tras un breve período de tiempo desaparecido, regresó para convertirse en el mayor bluesman que la humanidad habría conocido jamás. Semejante título bien le valdría miradas de odio y envidia, sobre todo dedicándose a flirtear con la mujer equivocada. Apenas 27 años tenía cuando su cuerpo sirvió de alimento a los gusanos, ya fuera a causa de una neumonía mal tratada, sífilis, el disparo de un arma de fuego, o el envenenamiento de un astuto y celoso barman. De un modo u otro, nunca se le practicó la autopsia, pues a nadie le importaba el cadáver de un hombre negro del Misisipi a finales de los años treinta. No, claro que no. Pero alguien debió quedarse con su guitarra desaparecida. Obviamente, que ésta viajara del Misisipi al armario de una casita adosada en Epsom, Surrey, Inglaterra, es una licencia artística de los autores de esta obra, pero hubiera sido bonito que el poder de Johnson –su talento– hubiera recorrido medio mundo para acabar en las manos de otro portento de la guitarra, el arte, y también, el flirteo.

Fantasías al margen, la leyenda particular de Jimmy Page empezó a escribirse en el momento en que su ego superó al de Jeff Beck. Peter Grant, un buscavidas que había trabajado en distintas industrias, incluida la del cine, lo apadrinó, y juntos iniciaron un camino de excesos que los llevaría al Olimpo de los Dioses del rock. El azote de su martillo sería temido por los altos estamentos. Led Zeppelin eran vistos como cuatro paletos británicos con más poder e influencia sobre la juventud norteamericana que el presidente de los EE.UU. Tocados o no por la divina providencia del Diablo y su oscurantismo derivado, escribieron canciones enormes, tanto como el objeto volador que portan en su nombre. Algunas de ellas con una muy clara inspiración, por supuesto. Pero otras, obra de un tándem sin igual como el protagonizado por Jimmy Page y Robert Plant: una de las mejores guitarras de la historia, unida a una de las mejores voces de la historia. Jóvenes y hedonistas, John Bonham jamás hubiera podido rehusar su oferta, mientras que John Paul Jones se limitó a hacer lo que se esperaba de él: estar en el lugar y el momento adecuado. Cuatro genios defendidos por un escudero de dos metros y ciento cuarenta quilos, y respaldados por un espabilado y despierto vivaracho capaz de encontrar todas las agujas en el pajar que hiciera falta, de nombre Richard Cole. Pero ni el éxito ni el exceso surgen de balde –mucho menos la destrucción de los hoteles–, y John Bonham fue encontrado muerto el 25 de septiembre de 1980, tras consumir cuatro destornilladores de vodka cuádruples, además de un largo etcétera durante un día de ensayo y la posterior fiesta en casa de Page. Tenía 32 años, y la capacidad de llevarse consigo mismo al más allá, al grupo de rock más grande de la historia. La banda concluyó que Bonham era irreemplazable y aparcaron el nombre de Led Zeppelin, al menos hasta que otro Bonham, su hijo Jason, se sentara a la batería en la reunión de 2007, en una recaudación de fondos para el Fondo Educativo Ahmet Ertegun.

Especulaciones, difamaciones, brujería, teorías de la conspiración... lo que pasó de veras a lo largo de los doce años de historia de la banda, para ellos queda. Mientras tanto, de interpretaciones, deducciones y suposiciones, las librerías van llenas. Sirva esta novela gráfica del rock para aportar otro grano de arena particular y diferente, a modo de homenaje de su legado; un legado tan grande que se pierde en las alturas entre las nubes, como una escalera alzándose peldaño a peldaño hasta el cielo donde habitan los Dioses.

DE NIÑO NUNCA ME DIO MIEDO LA SOLEDAD. Y SIEMPRE SUPE QUE PARA QUE ALGO SE ME DIERA MUY BIEN SÓLO NECESITABA UN BUEN MAESTRO. O DOS.

NO ERA MÁS QUE UN ADOLESCENTE CUANDO *ROYSTON ELLIS* ME PIDIÓ QUE LE ACOMPAÑARA EN SUS LECTURAS DE POESÍA BEAT EN EL *MERMAID*.

I CAN'T EXPLAIN, I THINK IT'S LOVE...

CON 21 YA ERA MÚSICO DE SESIÓN, SIEMPRE LISTO PARA LA ACCIÓN. GRABÉ CON *SONNY BOY*, LOS *KINKS* Y LOS *WHO*, AUNQUE ESTOS NO UTILIZARON MI PISTA DE RÍTMICA EN LA MEZCLA FINAL. *PETE* NUNCA LO NECESITÓ.

AUNQUE AQUELLO NO DURÓ MUCHO. *CHRIS DREJA* SE PASÓ AL BAJO Y YO A LA GUITARRA, *JEFF* Y YO ÉRAMOS DOS SOLISTAS MUY BUENOS TOCANDO EN LA MISMA BANDA...

HASTA QUE LOS CELOS PROFESIONALES, Y TAL VEZ MI EGO, PROVOCARON UNA REACCIÓN IMPREVISIBLE EN *JEFF* QUE ME CONVIRTIÓ EN EL PRINCIPAL MOTOR CREATIVO DEL GRUPO. YA AVISÉ DE QUE LA AMISTAD ENTRE GUITARRISTAS ES COMPLICADA.

APOSTÉ POR **TERRY REID**, UNA ESPECIE DE **ROD STEWART** POR DESCUBRIR... O ESO CREÍA.

ME ENCANTARÍA, JIMMY. PERO ME HE COMPROMETIDO CON **MICKEI MOST** Y TENGO ENTENDIDO QUE NO ACABASTEIS MUY BIEN...

TENÍA RAZÓN, MOST PRODUJO **LITTLE GAMES** Y SE EMPEÑÓ EN QUE NINGUNA CANCIÓN DURARA MÁS DE TRES MINUTOS. UN AUTÉNTICO COÑAZO.

PERO OYE, HAY UN CHICO QUE CANTA EN UNA BANDA LLAMADA **HOBBSTWEEDLE**, ÉCHALE UN VISTAZO. SU NOMBRE ES **ROBERT PLANT.**

PARA EL BAJO, DEVOLVÍ UNA LLAMADA DE **JOHN PAUL JONES.** HABÍA TRABAJADO CONMIGO COMO MÚSICO DE SESIÓN. ERA UN ARREGLISTA INCREÍBLE CON IDEAS BRILLANTES. NO QUISE PERDER LA OPORTUNIDAD DE ATRAPARLO.

I SAID TRAIN KEPT A-ROLLIN' ALL NIGHT LONG...

AQUELLA TARDE SE HIZO LA **MAGIA.** ASÍ COMO LA MÚSICA EMPEZÓ A SONAR, **LO SUPIMOS.**

LA CRÍTICA DEL DISCO NO ERA FAVORABLE, DECÍA QUE ÉRAMOS MUY RUIDOSOS, CUANDO EL RUIDO DE VERDAD EMPEZABA AL LLEGAR AL HOTEL...

MIENTRAS EN INGLATERRA CORRÍAMOS DELANTE DE LOS SKINHEADS, EN AMÉRICA NOS CORRÍAMOS TODA CLASE DE *JUERGAS*. DESPUÉS DE TODO, *¿A QUIÉN LE IMPORTABA LA CRÍTICA?*

PUES A *MÍ*.

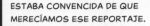
ESTABA CONVENCIDA DE QUE MERECÍAMOS ESE REPORTAJE.

USÉ TODA CLASE DE *TRUCOS* PARA QUE ESCRIBIERA UN REPORTAJE FAVORABLE. POR UN TIEMPO FUNCIONÓ...

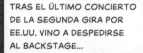

TRAS EL ÚLTIMO CONCIERTO DE LA SEGUNDA GIRA POR EE.UU. VINO A DESPEDIRSE AL BACKSTAGE...

PERO SI PARA VER DE CERCA UN ANIMAL EXÓTICO TIENES QUE METERTE EN SU *JAULA*...

...TAMBIÉN ACABARÁS OLIENDO SU *MIERDA*.

¡¡SOCORRO!!

BLAM!

¡¿QUÉ HOSTIAS PASA AQUÍ?!

SLAP

AL FINAL, *ELLEN SANDER* SE NEGÓ A PUBLICAR SU REPORTAJE.

DE REGRESO A **INGLATERRA**, LOS MEDIOS, QUE HASTA AHORA NOS HABÍAN OBVIADO, SE HICIERON ECO DE NUESTRA NOTORIEDAD AMERICANA Y LA **BBC** NOS INVITÓ A TOCAR DELANTE DE NUESTRAS FAMILIAS, AMIGOS Y EL PAÍS ENTERO. EN CASA ÉRAMOS UNOS **BUENOS CHICOS**.

COMMUNICATION BREAKDOWN, IT'S ALWAYS THE SAME...

MAMÁ, CUANDO SEA MAYOR TOCARÉ LA BATERÍA COMO **PAPÁ**. SERÉ UNO DE LOS **LED ZEPPELIN**.

SEGURO QUE SÍ, MI AMOR.

YOU NEED COOLING, BABY I'M NOT FOOLING...

PERO LA DIVERSIÓN SÓLO TENÍA SENTIDO SI LA MÚSICA SEGUÍA SONANDO. Y NADIE LA HACÍA SONAR MEJOR QUE *EDDIE KRAMER*. EN 1969, EL HOMBRE DE CONFIANZA DE *HENDRIX* SE CONVIRTIÓ TAMBIÉN EN EL MÍO.

AAAAARGGH

LA GENTE LE TENÍA MIEDO A LA CASA,
QUIZÁ PORQUE EN EL *S. XVIII*,
FUE UNA IGLESIA QUE SE QUEMÓ
CON SUS CURAS DENTRO.

O PORQUE FUE EL HOGAR
DEL MAGO NEGRO *ALEISTER
CROWLEY*. SU MAYORDOMO
ENLOQUECIÓ Y ASESINÓ AL
RESTO DEL SERVICIO.

O PORQUE FUE EL LUGAR
DEL *ASESINATO* DE UN
HOMBRE CUYA CABEZA
TODAVÍA SE ESCUCHA RODAR...

A MÍ ME PARECIÓ PERFECTA.

ME LA QUEDO.

AL TERMINAR LA GIRA ROBERT Y YO VIAJAMOS A **GALES** CON NUESTRAS FAMILIAS PARA COMPONER.

NOS INSTALAMOS EN UNA CASA AL LADO DEL RÍO DOVEY. SE LLAMABA BRON-YR-AUR, QUE EN GALÉS SIGNIFICA *"COLINA DE ORO"*.

HASTA QUE ROBERT ENCONTRÓ LO QUE NECESITABA PARA SUS ODAS AL MARTILLO DE LOS DIOSES.

ATLANTIC QUERÍA EL SUCESOR DE **LED ZEPPELIN II** EN OTOÑO, PERO LA INSPIRACIÓN NO LLEGABA...

LO PRESENTAMOS EN EL *BATH FESTIVAL*, JUNTO A
FRANK ZAPPA, JEFFERSON AIRPLANE, SANTANA,
LOS BYRDS Y *LOS FLOCK*... ERA UN DÍA PASADO POR AGUA.

RENUNCIAMOS A MUCHA PASTA
DE EE.UU. POR TOCAR ESE DÍA EN
INGLATERRA. QUERÍAMOS
GANARNOS AL PÚBLICO INGLÉS,
Y ALLÍ HABÍA 150.000 INGLESES JUNTOS.

CUANDO AMAINÓ LA LLUVIA VIMOS UNA
OPORTUNIDAD, Y LA AGARRAMOS
POR EL CUELLO. *LOS FLOCK*
TENÍAN QUE BAJAR DEL ESCENARIO.

SAID I'VE BEEN
CRYING, YEAH! OH, MY TEARS
THEY FELL LIKE RAIN...

UNA PUESTA DE SOL ESPECTACULAR
NOS ENCUMBRÓ AL NIVEL DE LOS *BEATLES*,
LOS *STONES* O LOS *WHO*.

LED ZEPPELIN III SE PUBLICÓ EL 5 DE OCTUBRE DE 1970, DESPUÉS DE BATIR RÉCORDS DE RECAUDACIÓN EN NUESTRA SEXTA GIRA NORTEAMERICANA. Y SIN EMBARGO...

LA PRENSA SEGUÍA SIN ENTENDER NADA.

¿Y ESE ROLLO DE UN PACTO CON EL *DIABLO*? ¿QUÉ MIERDA ES ÉSA?

SE ACABÓ. QUEDA TERMINANTEMENTE PROHIBIDO HABLAR CON LA PRENSA. AL MENOS DURANTE UN AÑO.

¿Y CÓMO SE SUPONE QUE ARREGLAREMOS ESTO?

SUPERANDO LO QUE HEMOS HECHO HASTA AHORA.

EN *1971* NOS PLANTEAMOS DAR UN GOLPE DE EFECTO, VISITANDO *BELFAST* POR PRIMERA VEZ...

HAN ROBADO UN CAMIÓN CISTERNA Y QUEMADO UN LOCAL CERCA DEL ULSTER HALL. SE PREVÉ FOLLÓN ESTA NOCHE.

ENTONCES HABRÁ QUE SUBIR EL VOLUMEN DE LOS ALTAVOCES.

LAS BOMBAS DEL EXTERIOR RETUMBABAN EN EL LOCAL. TUVIMOS QUE RESPONDER CON *ARTILLERÍA PESADA.*

AND AS WE WIND ON DOWN THE ROAD OUR SHADOW'S TALLER THAN OUR SOUL!

EL **8 DE NOVIEMBRE DE 1971** SE PUBLICÓ EL DISCO.
CON LA INTENCIÓN DE JODER A LA PRENSA NO
HABÍA NADA QUE PERMITIESE IDENTIFICAR AL GRUPO
SALVO CUATRO ENIGMÁTICOS *SÍMBOLOS...*

New Led Zeppelin Album
Now Available

ATLANTIC RESPONDIÓ HACIENDO UNA
CAMPAÑA DE PUBLICIDAD MÁS AGRESIVA.

On Atlantic Records & Ampex Tapes

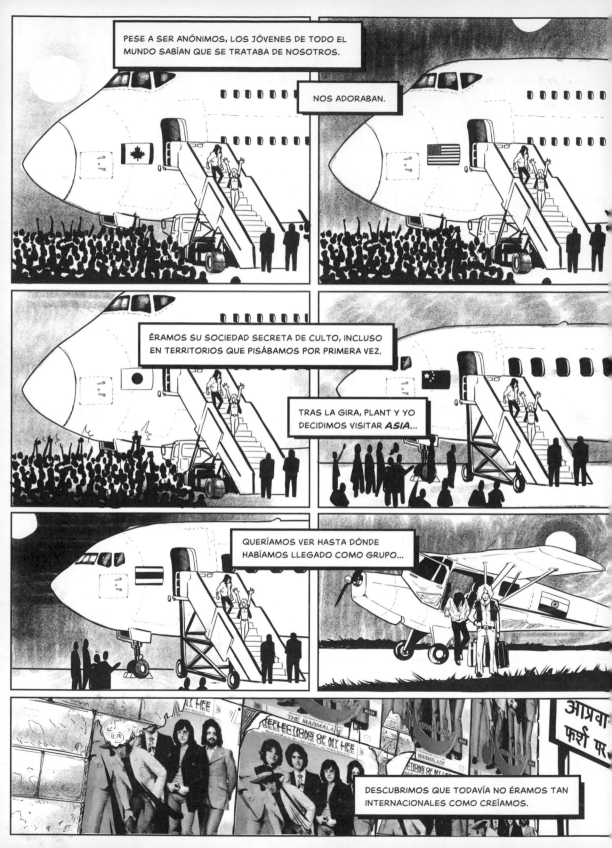

EN 1972 LOS STONES Y LED ZEPPELIN COINCIDIMOS EN LA CARRETERA.

PERO MIENTRAS LOS STONES TENÍAN EL BENEPLÁCITO DE LA PRENSA, NOSOTROS OFRECÍAMOS TRES HORAS DE PURA LOCURA...

IT'S BEEN A LONG TIME SINCE I ROCK AND ROLLED...

I'M GONNA GIVE YOU MY LOVE...

I'M GONNA GIVE YOU EVERY INCH OF MY LOVE!!!

CRÁACK!

NO ERA SÓLO MÚSICA.
ERA UNA CONEXIÓN QUE TRASPASABA LO TERRENAL. LA POPULARIDAD NO NOS LA DABA LA VENTA DE DISCOS, NOS LA DABA EL PÚBLICO EN FORMA DE ENERGÍA. AHÍ YACÍA NUESTRO PODER.

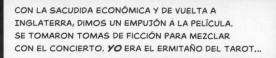

CON LA SACUDIDA ECONÓMICA Y DE VUELTA A INGLATERRA, DIMOS UN EMPUJÓN A LA PELÍCULA. SE TOMARON TOMAS DE FICCIÓN PARA MEZCLAR CON EL CONCIERTO. *YO* ERA EL ERMITAÑO DEL TAROT...

ROBERT ERA EL HÉROE CELTA...

JONES ERA EL HOMBRE DE FAMILIA...

Y *BONZO*... UN ENFERMO DE LOS COCHES.

CERCA DEL FINAL DE LA GIRA,
NUESTRA MÚSICA VOLVIÓ A BRILLAR.

¿QUIÉN ERES TÚ?
NO HE LLAMADO AL
SERVICIO DE
HABITACIONES.

DEBO VER
A JIMMY.

NO TAN RÁPIDO,
JIMMY NO ESTÁ.

DEBO ADVERTIRLE, ALGO HORRIBLE VA
A SUCEDERLE, LO HE SOÑADO.

TOMA, ESCRIBE QUÉ
ES LO QUE HAS SOÑADO
EXACTAMENTE Y YO
YA LE AVISO.

PASARON **MESES** ANTES DE QUE ROBERT Y YO VOLVIÉRAMOS A HABLAR.

FUERON MESES EN QUE LOS **RUMORES** SE EXTENDIERON COMO MURCIÉLAGOS EN LA NOCHE.

MESES PLAGADOS DE ENTREVISTAS TELEFÓNICAS *ACUSÁNDOME* POR EL MAL KARMA DE LA BANDA.

DECÍAN QUE ESTÁBAMOS *ACABADOS,* QUE EL GRUPO HABÍA PAGADO MI AFICIÓN POR EL OCULTISMO.

TANTAS ACUSACIONES... CASI TERMINAN CONMIGO.

PERO AÚN QUEDABAN FUERZAS PARA UNA ÚLTIMA DEFENSA.

HOLA JIMMY, SOY ROBERT...

ESTOY LISTO.

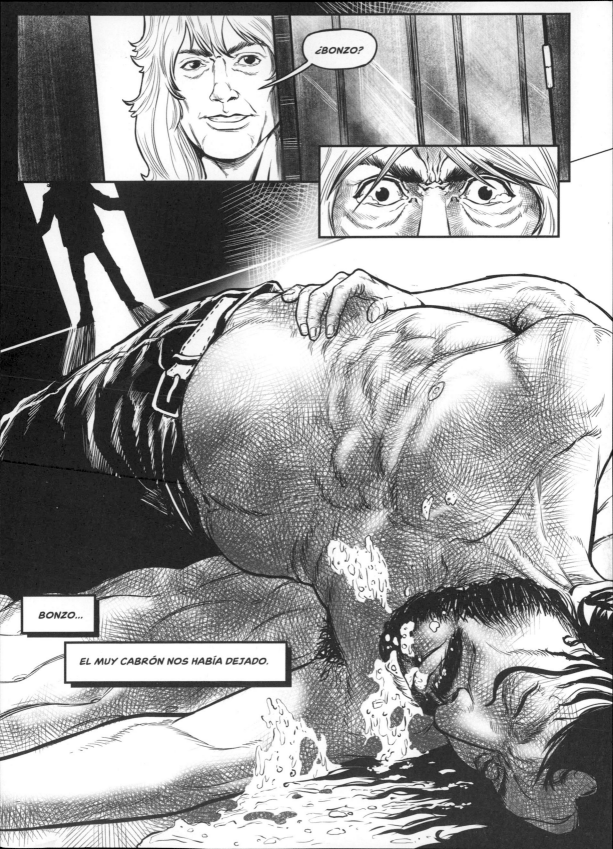

TRAS LA MUERTE DE **BONHAM**, LOS INTEGRANTES DE LED ZEPPELIN HAN ROTO SU RELACIÓN.

MIENTRAS PLANT Y SU FAMILIA SON LOS OTROS CLAROS DAMNIFICADOS, JOHN PAUL JONES PARECE SER EL QUE HA SALIDO MEJOR PARADO DE ESTE DESENFRENO DE LUJURIA, VICIO Y PERVERSIDAD, EL ÚNICO QUE NO SE HABRÍA DEJADO MANIPULAR POR LAS OSCURAS AFICIONES DE JIMMY PAGE, QUIEN SIGUE AISLADO EN SU CASA DE WINDSOR...

CLICK

¿ES EL FIN DE LED ZEPPELIN?

NO LO SÉ, PERO NO SERÍA LO MISMO SIN BONHAM.

«NO SERÍA LO MISMO». NO HAY MÁS QUE HABLAR.

PERO DESDE SU TRIVIAL EXISTENCIA, ELLOS, ESA POBRE GENTE, SEGUIRÁN HABLANDO. DARÁN LA VUELTA A TUS PALABRAS, A TUS CANCIONES...

SU FALTA DE TALENTO, SU ENVIDIA, CONVERTIRÁ TU ÉXITO EN SATANISMO Y PRÁCTICAS PAGANAS. PUES QUE HABLEN...

ESA POBRE GENTE JAMÁS ESTUVO EN MI LUGAR. EN NUESTRO LUGAR. PARA MÍ QUEDA EL RECUERDO DE NUESTRA NOBLE OBRA.

A LO MEJOR, ALGÚN DÍA QUEDEN FUERZAS PARA UNA CODA...

BOCETOS

La NOVELA GRáFICA
DEL ROCK

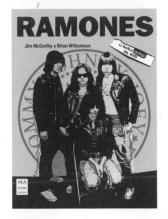

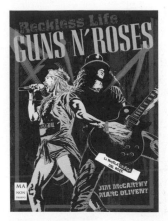

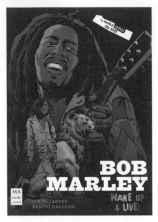

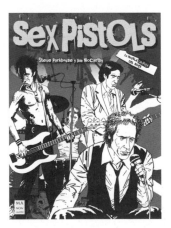